INVENTAIRE
V 24.470

V
2654
E+8A9

V 2654.
E+8A9
(C.)

24470.

1762

EXPLICATION

DES

PEINTURES,

SCULPTURES,

ET AUTRES OUVRAGES

DE MESSIEURS

DE

L'ACADÉMIE DE S. LUC,

Dont l'Exposition se fera le 25 Août 1762 dans l'Hôtel d'Aligre, où étoit anciennement le Grand Conseil, rue Saint Honoré, sous les auspices de M. le Marquis DE VOYER D'ARGENSON, Lieutenant Général des Armées du Roi, Lieutenant Général pour le Roi en sa Province d'Alsace, Directeur Général des Haras du Royaume, Gouverneur de Vincennes & de Romorentin, Vice-Protecteur de l'Académie de S. Luc.

A PARIS,

De l'Imprimerie de J. H. BUTARD, Imprimeur-Libraire de l'Académie de SAINT LUC, rue S. Jacques, à la Vérité.

M. DCC. LXII.

L'USAGE établi, sous la protection du Ministere, qui se plaît à favoriser les Arts, de former des Sallons où les Artistes puissent de temps en temps exposer leurs Ouvrages au Public, est le moyen le plus propre pour entretenir parmi eux l'ardeur de bien faire, & sur-tout une noble émulation, qui, fort éloignée d'un autre sentiment que l'on doit méconnoître dans les Arts, ne voit dans ses Émules que le bien, afin de le surpasser, & non pas le déprimer.

Ces Expositions d'ailleurs rendent compte au Public de l'état actuel des Arts, & des efforts que font les Artistes pour obtenir ses suffrages. Il n'en est aucun parmi eux qui, en désirant le moment de se faire connoître, ne redoute avec raison les regards de ce Juge que la passion n'altere jamais. L'équité dicte les jugemens du Public, & tempére par l'indulgence sa sévérité. Il daigne encourager ceux en qui, avec le desir de bien *faire*, il découvre des dispositions pour y parvenir; & comme il sçait ce qu'il en coûte à vaincre les difficultés qu'on rencontre à chaque pas dans cette carriere épineuse, il n'ignore pas aussi que les succès ne répondent pas toujours aux peines qu'on s'est données pour réussir.

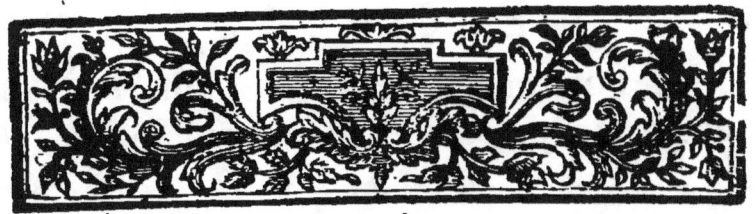

EXPLICATION
DES
PEINTURES,
SCULPTURES,
ET AUTRES OUVRAGES
DE MESSIEURS
DE L'ACADÉMIE DE S. LUC.

PEINTURES.

Par M. BOILEAU, *ancien Directeur, Adjoint, Peintre de S. A. S. Monseigneur* LE DUC D'ORLÉANS *pour l'entretien des Tableaux du Palais Royal.*

N° 1. UN grand Bas-Relief imitant le marbre, représentant Jupiter changé en Taureau, conduit par les Compagnes d'Europe.

A iij

PEINTURES.

Le Portrait de Mademoiselle ✱✱✱. tenant un petit Barbet sur ses genoux, sous le même N°. 1.

Par M. MERELLE, *Peintre, Recteur, près la Porte Saint Denis.*

2 Deux petits Tableaux représentant deux jeunes Personnes, l'une qui laisse envoler son Oiseau, & l'autre qui se regarde dans son Miroir ; chacun de 2 pieds ½ de haut.

3 Le Portrait de Madame de ✱✱✱. peinte en Robe de Moire rouge, garnie de Martre, étant assise, appuyée sur son Eventail; Tableau de 3 pieds 7 pouces de haut sur 2 pieds 7 pouces de large.

4 Plusieurs autres Portraits sous le même N°.

Par M. DUMESNIL *l'aîné, Peintre, Adjoint à Recteur, vieille rue du Temple, près la rue de Bercy.*

5 Un Tableau représentant la Prédication de S. Jean dans le Désert, peint sur toile de 4 liv.

PEINTURES.

6 Un Tableau représentant un Saint Jérôme méditant sur la Mort, peint sur toile de 30.

Par M. DUMESNIL *le jeune, Professeur, rue Saint Martin, aux deux Anges.*

7 Un Tableau d'étude, peint sur toile d'un écu.

8 Cinq autres petits Tableaux ovales, représentant les Sens, Sujet grotesque sous le même N°.

9 Deux autres Tableaux d'étude, toile de 25; l'un représente une Savoyarde qui joue de la Serinette, & l'autre un Marchand de Peaux de Lapin.

10 Trois Tableaux chacun de 4 pieds de large sur 3 pieds ½ de haut, représentant Apollon avec les Muses: lesdits Tableaux appartiennent à M. le Marquis de Beaupreau.

11 Deux autres Études sur toile de 10; l'une représente une Cuisiniere qui écrit son Marché, & l'autre un Garçon qui rince des bouteilles, sous le même N°.

PEINTURES.

Par M. BETHON, *Professeur, aux Gobelins.*

12 Deux Tableaux, représentant des Pastorales tirées de Daphnis & Cloée.

13 Deux autres Tableaux, représentant deux des Élemens, l'un la Terre, & l'autre l'Eau.

14 Un autre Tableau, représentant les Amours de Venus & d'Adonis, peint sur toile de 40.

Par M. JOLLAIN, *Professeur, rue Therese, Butte Saint Roch.*

15 Un Tableau d'environ 12 pieds de haut sur 7 pieds de large, représentant la Vierge sous le titre de Notre-Dame des Peuples, l'Evangéliste S. Luc peignant le Portrait de la Vierge, & l'Evangéliste Saint Jean écrivant la vie de la Vierge.

Par M. EISEN, le Fils, *Professeur, Quai des Miramionnes.*

16 Un Tableau de quatre pieds, sur trois pieds, représentant Lucas Si-

PEINTURES.

gniorelli, qui peint son Fils qui vient d'être tué.

17 Un Projet dessiné pour une Chapelle de Communion.

18 Une Esquisse du Tableau d'Autel de ce même Projet, représentant Notre Seigneur qui fait la Cêne avec ses Apôtres.

19 Autre Esquisse, représentant l'Annonciation de la Vierge, exécutée en grand. Ce Tableau a 13 pieds ½ de haut, sur 10 pieds de large, fait pour l'Eglise Collégiale de Douay en Flandre.

20 Autre Esquisse, représentant le Mariage de la Vierge.

21 Le Portrait de Madame Vincent.

22 Le Portrait de M. l'Abbé de ***.

23 Quelques Esquisses & plusieurs Desseins.

Par M. CLERMONT, *Professeur, rue du vieux Colombier.*

24 La Vengeance d'Achille, Tableau de 8 pieds de haut sur 7 pieds de large. Achille, après avoir vaincu Hector, le fit attacher à son Char, & le traîna douze jours de suite dans le

PEINTURES.

Camp des Grecs & autour des murs de Troyes. *Ce Sujet est tiré de l'Iliade d'Homere, Livre XXII.*

25 L'Amour piqué par une Abeille vient se réfugier dans les bras de Venus. Tableau de 4 pieds ½ de large, sur 3 pieds ½ de haut.

26 Huit Têtes d'Etudes, peintes sur une toile.

27 Trois Têtes de Femme ; Etudes.

28 Quatre Têtes d'Enfants, peintes en Pastel ; Etudes.

29 Deux Esquisses, de forme ovale ; l'une représente la Nativité, & l'autre une Assomption, de même grandeur.

30 Deux petits Tableaux de Pastorales, faisant Pendant, de 13 pouces de haut sur 10 pouces.

31 Des Enfans qui célebrent la Fête du Dieu Faune, de 15 pouces de haut sur 11 pouces.

32 Plusieurs Desseins sous le même N°.

Par M. BONNET DANVAL, *Professeur, rue Notre-Dame de Recouvrance.*

33 Un Tableau de 6 pieds ½ de haut, sur 4 pieds de large, représentant Saint Jacques le Pélerin.

PEINTURES.

Par M. SARRAZIN, *Professeur de Géométrie, rue d'Orléans, près la Porte Saint Martin.*

34 Un Deſſein d'Architecture.

Par M. LE FEVRE, *Adjoint à Profeſſeur, Quai Pelletier.*

35 Quatre Portraits ſous le même N°.

Par M. CORREGE, *Adjoint à Profeſſeur, rue du Monceau Saint Gervais.*

36 Un Tableau de 3 pieds de large, ſur 4 pieds $\frac{1}{2}$ de haut, repréſentant Enée dans Carthage ; Venus ſe préſente à lui ſous la figure & l'habillement d'une Chaſſereſſe, & lui dit d'aller chez Didon ; elle l'environne d'un nuage, afin que perſonne ne puiſſe le voir. *Sujet tiré de Virgile, Enéïd. Liv. 1.*

37 Un Tableau de 6 pieds $\frac{1}{2}$ de large ſur 4 pieds $\frac{1}{2}$, repréſentant Enée chez Didon. A l'inſtant que la harangue de ſes Compagnons finit, le nuage qui l'environne ſe fend, & le Fils de

Venus paroît tout brillant de lumière.
Enéïd, Liv. 2.

38 Un Tableau de 3 pieds de large sur 4 pieds ½ de haut, représentant la mort de Didon; Iris descend du Ciel, & lui ôte le cheveu fatal pour hâter le dernier soupir que cette Princesse avoit peine à rendre.

39 Un Tableau de quatre pieds sur 4, représentant Didon qui fait voir à Enée le plan de la Ville de Carthage. *Enéïd, Liv. 3.*

40 Autre Tableau, de même grandeur, représentant Alexandre qui fait don de sa Maîtresse à Apelles.

Par M. TIERSONNIER, *Adjoint à Professeur, rue Montmartre, vis-à-vis la rue du Jour.*

41 Tarquin & Lucrece, Tableau de cinq pieds de haut sur six pieds de large.

42 Le Roi Pyrrus présenté à Glaucias, Roi d'Esclavonie; Tableau de six pieds sur 6 pieds.

43 Aréthuse poursuivie par le Fleuve Alphée; Tableau de 6 pieds de haut sur 4 pieds de large.

44

PEINTURES.

44 Diane au Bain; Tableau de 4 pieds 6 pouces de haut sur 3 pieds de large.

45 Diane endormie; Tableau de deux pieds 6 pouces sur 2 pieds.

46 Diane & Actéon; Tableau de trois pieds 3 pouces sur un pied.

47 Les Sabins faisant la guerre aux Romains pour reprendre leurs Femmes; Tableau de 3 pieds de large sur un pied $\frac{1}{2}$ de haut.

48 Le Triomphe de Tite dans Rome, orné des dépouilles du Temple de Jérusalem, même grandeur.

49 Le Sommeil de Vénus, Tableau d'environ 2 pieds sur un pied $\frac{1}{2}$.

50 Une Vierge en méditation; Tableau de 2 pieds $\frac{1}{2}$ sur un pied $\frac{1}{2}$.

51 Une Esquisse. Des Mariniers implorant la protection de Saint Nicolas dans un naufrage; Tableau de deux pieds de haut sur un pied $\frac{1}{2}$.

Par M. POTTIER, *Adjoint à Professeur, Huissier du Cabinet de* M. *le Duc d'Orléans, au Palais Royal.*

52 L'Education de l'Amour; Tableau de 4 pieds $\frac{1}{2}$ de large sur 4 pieds de haut.

PEINTURES.

Par M. Didier, *ancien Adjoint, Hôtel des Ursins, rue du Milieu.*

53 Un Tableau, toile de 25, représentant Télémaque qui raconte ses aventures à Calipso.
54 Deux autres Tableaux, toile de 30; l'un représentant une Chercheuse de Puces à la chandelle, & l'autre une Dormeuse, sous le même N°.

Par M. Chevalier, *ancien Adjoint, rue du Four Saint Germain.*

55 Un Tableau, toile de 40, représentant une Musette & un Enfant qui badine sur un Violon.
56 Plusieurs Tableaux de Fruits & Fleurs, sous le même N°.
57 Un Tableau, toile de 10, représentant une Halte de Gardes Suisses.
58 Le Portrait de M. de *** historié, habillé en Espagnol, toile de 10.
59 Deux autres Portraits sur toile de 25, sous le même N°.

PEINTURES.

Par M. GLAIN, ancien Adjoint, rue des vieux Augustins.

60 Le Portrait de M. Gentil, Garde général des Meubles de la Couronne, & celui de Madame son Epouse.
61 Une Demoiselle qui se réveille.
62 Le Portrait de M. Carlin, Comédien Italien ordinaire du Roi.
63 Le Portrait de M. Garnier, Médecin du Roi.
64 Le Portrait de M. Plinval le Fils.
65 Deux Portraits sous le même No.
66 Deux Têtes dessinées, & deux Miniatures.

Par M. POUGIN DE SAINT-AUBIN, ancien Conseiller.

67 Le Portrait de M. le D. D. C.
68 Trois Enfans de Madame la Comtesse de ***.
69 Le Portrait de M. l'Abbé Aubert.
70 Celui de Madame de Bois-Roger.
71 Mademoiselle Dangeville, dans la Comédie des Mœurs du Temps.
72 Mademoiselle Dubois, dans la Tragédie d'Alzire.

PEINTURES.

73 Le Portrait d'une Femme âgée de 84 ans.
74 Celui de l'Auteur, par lui-même.

Par M. LE NOIR, *Conseiller, rue de la Coutellerie.*

75 Le Portrait de M. Frontier, Adjoint, Professeur de l'Académie Royale.
76 Le Portrait de M. le Cain, Comédien ordinaire du Roi, peint en Pastel d'après nature.
77 Une Tête de Vieillard, peinte en Pastel.
78 Le Portrait de Mademoiselle ✶✶✶.
79 Le Portrait de l'Auteur, peint à l'huile, par lui-même.
80 Plusieurs autres Portraits sous le même Nº.

Par M. DAGOMER, *Conseiller, rue d'Enfer en la Cité.*

81 Deux Tableaux, chacun de 2 pieds de haut sur 2 pieds de large; l'un représente une Chatte avec ses Petits; l'autre des petits Chiens qui culbutent une nichée de Cochons d'Inde.

PEINTURES.

82 Deux autres Tableaux, chacun de 5 pouces ½ de haut sur 8 pouces de large ; ils représentent le Renard trahi par le Coq, & le Renard avec le Chat : *tiré des Fables d'Esope.*

83 Un Tableau de 2 pieds ½ de haut sur 2 pieds de large, représentant le Coq & la Perle.

84 Un autre Tableau de 2 pieds de large sur un pied 8 pouces de haut, représentant des Moutons sur un fond de Paysage.

Par M. Durand, *Conseiller, rue de Berry, au Marais.*

85 Un Tableau de 7 pieds 2 pouces de haut sur 5 pieds ½ de large, représentant Saint Quentin que Arixio fait fustiger.

86 Deux autres Tableaux, toile de 25 ; l'un représente une Tête de Vieillard, l'autre un jeune Homme.

Par M. Huet, *rue Meslay.*

87 Plusieurs Tableaux d'Animaux, Fleurs & Fruits, sous le même N°.

B iij

PEINTURES.

Par M. LE MOINE.

88 Un Payfage deffiné à la pierre noire, & deux autres gravés à l'eau forte.

Par M. GARAND.

89 Le Portrait de M. Sartine, deffiné à la pierre noire, de 2 pieds de haut fur 18 pouces de large.
90 Plufieurs Portraits deffinés de même, de différentes grandeurs, fous le même Nº.
91 Plufieurs petits Buftes, peints en miniature, fous le même Nº.

Par M. CHERFILS, Place Dauphine.

92 Deux Deffeins au crayon fur toile de 20, repréfentant le Portrait de M. le Cain, Comédien du Roi, jouant le rôlle de Gengiskan dans l'Orphelin de la Chine ; & le Portrait d'un fçavant Particulier.

PEINTURES.

Par M. P R O T A I N, *ancien Conseiller, rue de la Mortellerie.*

93 Deux Tableaux d'Architecture.

Par M. LANOUELLE, *rue Sainte Croix de la Bretonnerie.*

94 Les Portraits de Monsieur & Madame de ***. peints sur toile de 25.

Par M. CHARPENTIER.

95 Un Tableau, peint sur toile de 15, représentant une Marchande de Marons.
96 Quatre Portraits sous le même N°.
97 Trois Têtes d'Études, peintes à l'huile.

Par M. VITRY, *Peintre.*

98 Plusieurs Tableaux représentant des Fruits, Legumes & Gibiers.

Par M. BOLKEMAN, *rue des Prouvaires.*

99 Un Tableau de trois pieds de large,

PEINTURES.

sur un pied $\frac{1}{2}$ de haut, représentant plusieurs Pieces de Gibier.

Par M. EISEN le pere, *rue de la Pelleterie.*

100 Deux petits Tableaux, peints sur bois, l'un représentant la Fuite en Egypte, & l'autre un Repos en Egypte.

101 Deux autres petits Tableaux représentant des Corps de Garde commandés par des Officiers.

Par MADEMOISELLE NAVARRE, *rue Beaurepaire.*

102 Différens Portraits, peints en Pastel, sous le même N9.

Par M. COQUELET.

103 Une Cuisiniere & un Garçon Boulanger : ces deux Tableaux sont tirés du Cabinet de M. le Prieur.

Par M. BARRERE.

104 Un Tableau, toile de 20, représentant un Faisan.

105 Le Portrait d'une Dame peinte en Pastel.

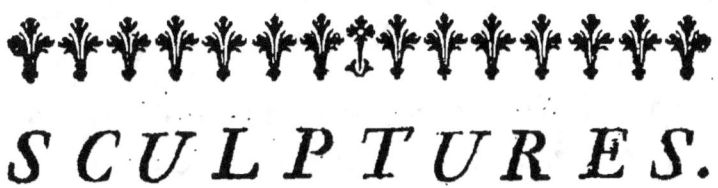

SCULPTURES.

Par M. WANDERVOORS, Sculpteur, Recteur, rue neuve Saint Roch.

106 UNe petite Figure en terre cuite, représentant l'Amour, d'environ 10 pouces de proportion.

Par M. SUZANNE, Sculpteur, Professeur, rue & Barriere Poissonniere.

107 Deux Bustes en terre cuite d'environ 2 pieds de haut, représentant les Portraits de Monsieur & de Madame ***, & deux Esquisses.

108 Deux ou trois Esquisses représentant différens Sujets, d'environ 10 pouces de haut.

SCULPTURES.

Par M. Vincenot, ancien Recteur, rue de Seve.

109 Le Modele d'un Mausolée de 2 pieds de haut, qui doit être exécuté en marbre & en bronze pour M. de ***.

110 Deux Modeles de Lions, qui ont été exécutés en pierre, de 7 pieds de proportion, pour le Château de M. de Cufy, Fêrmier Général.

111 Deux Esquisses de Figures en terre cuite d'un pied de haut, représentant Vertumne & Pomône, exécutées pour le Château de M. de ***.

112 Un petit Buste en terre cuite du Portrait de M. ***.

Par M. Sceemakers, Sculpteur, Professeur, sur le Boulevard.

113 Une petite Baigneuse de 2 pieds de proportion, une petite Tête d'Enfant, en terre cuite, & une grande Figure de pierre, représentant Hébé.

SCULPTURES. 23

Par M. DE LA RUE, Sculpteur, Adjoint à Professeur, rue de la Verrerie.

114 Un Fleuve en terre cuite, qu'il a laissé à l'Académie pour sa réception.
115 Un petit Enfant dans son berceau, de marbre blanc, & deux Enfants en terre cuite. Ces trois morceaux sont tirés du cabinet de M. de Presle.
116 Plusieurs Vases en terre cuite, tirés du cabinet de M. de la Live de July.
117 Plusieurs Desseins sous le même N°.

Par M. ATTIRET, Adjoint à Professeur, rue du Coq S. Jean.

118 Le Modele d'un Groupe de deux Figures, d'un pied de proportion, représentant un Gladiateur mourant que son Vainqueur soulage, tandis qu'il témoigne aux Spectateurs le contentement qu'il a de mourir à leurs yeux, après avoir montré beaucoup de valeur. *Sujet tiré de l'Histoire Romaine.*
119 Un autre petit Modele de même grandeur, représentant Remus & Romulus confiés à *Aeca Laurentia* qui les

reçoit des mains de Fauſtulus ſon mari.

120 Un autre Groupe faiſant pendant, repréſentant la Charité Romaine.

121 Le petit Modele d'environ 2 pieds de proportion, eſt un Femme debout repréſentant la Guerre. Elle porte en ſes mains les foudres & le feu, & ſous ſes pieds eſt un morceau d'Edifice ruiné; ce qui marque les déſaſtres qu'elle cauſe. Cette Figure doit être repréſentée en grand pour le Veſtibule de l'Hôtel d'Harcourt.

122 Un petit Modele du jeune David, Vainqueur du Géant Goliath, dont il contemple avec ſatisfaction la tête qui eſt à ſes pieds.

123 Le Portrait en Buſte de M. Daviel, Oculiſte du Roi.

124 Une Tête d'un jeune Faune.

125 Une autre petite Tête ſous le même Numero.

Par M. BOCCIARDI, *Sculpteur, Adjoint à Profeſſeur, rue de Vendôme.*

126 Deux Figures de Femmes en marbre blanc, de 22 pouces de proportion; l'une repréſente la Volupté couchée ſur un matelas, & l'autre Danaée qui reçoit Jupiter en pluie d'or.

SCULPTURES.

127 Le Portrait en terre cuite d'un sçavant Particulier.

128 Une Figure de Femme accroupie, ramaffant des cerifes repandues fur un drap.

129 Une Efquiffe repréfentant Euridice piquée par un ferpent.

Par M. Murat, Sculpteur, Adjoint à Profeffeur, Fauxbourg S. Denis, près la Croix.

130 Une Figure d'expreffion qu'il a laiffée à l'Académie pour fa réception.

131 Cléopatre qui devient prifonniere de Céfar, Groupe de deux Figures.

132 Eole, Dieu des Vents.

133 Une Veftale repréfentant la Religion Romaine.

134 Une Flore dans le goût antique.

135 Un Groupe de deux Figures, étude d'Académie.

136 Venus qui embraffe l'Amour.

Par M. Charny, Sculpteur, Confeiller, rue de la Lune.

137 Le Bufte d'un Vieillard en terre cuite.

138 Le Bufte de Mademoifelle ***.

SCULPTURES.

Par M. FERNEX, *Sculpteur, rue & barriere Poissonniere.*

139 Un Buste en plâtre de grandeur naturelle, représentant le Prince Reipnin, Ambassadeur de Russie à la Cour d'Espagne.

140 Un Buste en bronze de grandeur naturelle, représentant feu Monseigneur le Duc de Valentinois.

141 Deux Bustes en plâtre de grandeur naturelle, représentant M. le Comte de saint Simon & M^{de} la Comtesse son Epouse, sous le même Numero.

142 Plusieurs autres Figures sous le même Numero.

143 Quatre petites Figures en talc, représentant un Tailleur de pierre, une Ecailleuse d'huîtres, le *Bénédicité*, & une Mangeuse d'œufs, sous le même Numero.

144 Le Buste en terre cuite de Madame Favart, de grandeur naturelle, sous le même Numero.

Par M. CHARLES, *Sculpteur.*

145 Un Buste représentant un des Prêtres du Dieu Pan dans le moment du sacrifice.

SCULPTURES.

146 Une Esquisse en plâtre, Sujet allégorique, représentant le Temps qui éclaire les Arts d'un flambeau qu'il tient à sa main.

147 Une autre Esquisse en terre cuite de 8 pouces de proportion, représentant l'Amour & l'Amitié.

148 Le Portrait en plâtre de M. de ***.

149 Le Portrait en plâtre de Mlle. de ***.

Par M. FEUILLET, *Sculpteur, rue Poissonnière.*

150 Une Figure qu'il a laissée à l'Académie pour sa reception, représentant Arthemise qui avale les cendres de son mari pour lui servir elle-même de tombeau.

151 Plusieurs Esquisses de bas-relief de même grandeur, sous le même Numero.

ADDITION AUX OUVRAGES DE MM. LES ACADÉMICIENS.

Par M. DEMARCENAY, *Ecuyer honoraire, Associé libre, quai de Conty, la seconde Porte Cochere après la rue Guenégaud.*

152 Un Tableau d'Histoire, monté en Dessein, représentant l'Apparition de

l'Ombre de Samuel chez la Pitoniſſe d'Endor, ce Tableau porte 23 pouces de hauteur ſur 15 pouces de large.

153 Son Portrait, haut de 14 pouces, ſur 11 de largeur.

154 Le Cabinet d'un Curieux, large de 37 pouces ſur 31 de hauteur.

155 Autre d'Hiſtoire naturelle.

156 Un Bas-Relief en terre cuite, qui repréſente des Jeux d'Enfants, large de 19 pouces ſur 12 de hauteur.

157 Autre en Bronze antique, repréſentant des Enfants qui jouent avec des Raiſins, large de 9 pouces ſur 7 de haut.

++++++++++++++++++++++++++++++++++

ESTAMPES.

158 Teſtament d'Eudamidas, d'après le Pouſſin, large de 15 pouces ſur 12 de hauteur.

159 Pour Pendant une Bataille, d'après Parocel le pere.

160 Un Clair de Lune, d'après M. Vernet, haut de 11 pouces ſur 12.

161 Un commencement d'Orage, d'après Rembrandt, de même grandeur.

162 Tobie recouvrant la Vue, d'après Rembrandt, haut de 12 pouces ſur 10.

Par M. PEETERS.

163 Pluſieurs Portraits, peints en miniature, & des Deſſeins ſous le même Numéro.

FIN.

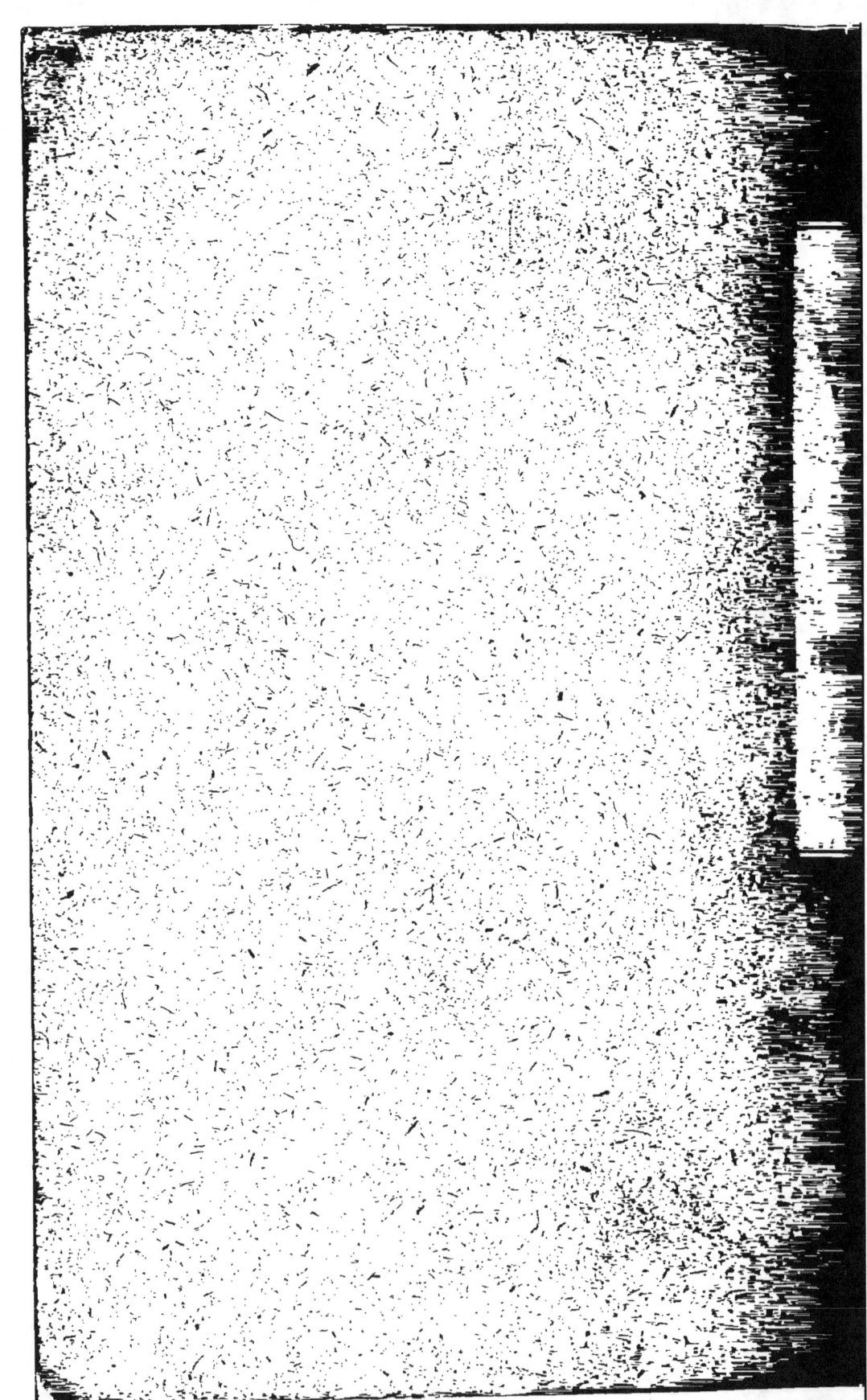

www.ingramcontent.com/pod-product-compliance
Lightning Source LLC
Chambersburg PA
CBHW050033230526
45470CB00003B/1260